1,000,000 Books

are available to read at

www.ForgottenBooks.com

Read online
Download PDF
Purchase in print

ISBN 978-0-364-12356-0
PIBN 11282432

For support please visit www.forgottenbooks.com

1 MONTH OF
FREE
READING

at
www.ForgottenBooks.com

By purchasing this book you are eligible for one month membership to ForgottenBooks.com, giving you unlimited access to our entire collection of over 1,000,000 titles via our web site and mobile apps.

To claim your free month visit:
www.forgottenbooks.com/free1282432

English
Français
Deutsche
Italiano
Español
Português

www.forgottenbooks.com

Mythology Photography **Fiction**
Fishing Christianity **Art** Cooking
Essays Buddhism Freemasonry
Medicine **Biology** Music **Ancient
Egypt** Evolution Carpentry Physics
Dance Geology **Mathematics** Fitness
Shakespeare **Folklore** Yoga Marketing
Confidence Immortality Biographies
Poetry **Psychology** Witchcraft
Electronics Chemistry History **Law**
Accounting **Philosophy** Anthropology
Alchemy Drama Quantum Mechanics
Atheism Sexual Health **Ancient History**
Entrepreneurship Languages Sport
Paleontology Needlework Islam
Metaphysics Investment Archaeology
Parenting Statistics Criminology
Motivational

GIOVANNA DI NAPOLI

Dramma lirico in un prologo e tre atti

DI

ANTONIO GHISLANZONI

MUSICA DEL MAESTRO

ERRICO PETRELLA

DA RAPPRESENTARSI

AL REGIO TEATRO DI TORINO

Il Carnevale 1869-70

MILANO
COI TIPI DI FRANCESCO LUCCA.

PERSONAGGI	ATTORI
===	=

GIOVANNA	Sig.ª *Stolz Teresa*
LORENZO	Sig. *Fancelli Giuseppe*
FABBRIZIO MALACARNE .	Sig. *Trivero Carlo*
MATILDE, di lui nipote . .	Sig.ª *Contarini Albina*
MARINO, gran Cancelliere della Regina	Sig. *Melzi Cesare*
ANIELLO, pescatore . . .	Sig. *Cotogni Antonio*
MARTA, sua moglie . . .	Sig.ª *Zamboni Angelina*
SFORZA	Sig. *Trivero Carlo*
Il Capitano delle Guardie reali	Sig. *Marchetti Giuseppe*
MASO, Taverniere . .	Sig. *Angiolini Raffaele*

Gentiluomini — Cavalieri — Dame — Grandi della Corte
Popolo — Pescatori — Marinaj — Soldati, ecc.

Anno 1415.

Il virgolato si **ommette** per brevità.

PROLOGO

SCENA PRIMA.

Sala nella villa della regina Giovanna a Sorrento.
In fondo una galleria - da lontano il mare.

Grandi della Corte, **Cavalieri** e **Dame**, **Lorenzo**
che si aggira inquieto nella scena.

DAME Perchè mai dalle sale festanti
   La regina sì tosto sparì?
   Senza lei, delle danze, dei canti
   Il tripudio, il concento languì.
CAV.   Di Roma il sacro Nunzio
    Qui giunse inaspettato.
LOR. *(avvicinandosi al Coro)*
    Augel di tristo augurio!
   (sottovoce girando fra i diversi crocchi)
    (Nè di trovar m'è dato
    L'angelo mio!) *(si allontana)*
DAME *(accennando a Lorenzo)* Vedetelo:
   Come cercando va?
CAV.   Di quante belle ha Napoli
    Ei la più bella avrà.
    (suoni interni)
TUTTI Ecco il suon che alle danze ne invita;
   Dolce ebbrezza già invade ogni cor;
   Accorriam! nelle danze è la vita,
   Tra le danze si annoda l'amor.

SCENA II.

Lorenzo e Matilde.

LOR. *(tenendo per mano Matilde)*
   Matilde... dimmi... parlami...
   Qual turbamento strano!...

MAT.   Nulla... Lorenzo!

LOR.   Gelida...
     Tremante è la tua mano...
     Gli sguardi irrequïeti
     Perchè d'intorno giri?
     Mi guardi e poi sospiri...
     Nè dirmi vuoi perchè;
     E puoi tu aver segreti,
     Angelo mio, per me?...

MAT.   Questo dolor... quest'ansia
     A te spiegar non giova;
     Forse vuol Dio sommetterci
     A una terribil prova...
     Della regina un detto
     Misera appien può farmi,
     O lieta ritornarmi
     Al mio sognato ciel!

LOR.   Ah! tu mi strazii il petto
     Col dubbio più crudel!

MAT. (*levandosi dal dito un anello*)
     Se mai dovrem dividerci,
     Conforto ai giorni mesti,
     Un pegno... una memoria
     Dell'amor mio ti resti...

LOR. (*con trasporto*)
     Chi mai, chi mai potria
     Frangere il nostro amor?...

MAT.(*con dolore*)O madre... o madre mia!
   (*si abbandona piangendo nelle braccia di Lorenzo*)

LOR.   M'apri, o fanciulla, il cor.
         (*breve silenzio*)

MAT. (*con abbandono*)
     Perchè il segreto rapirmi brami?
     È il mio terrore chimera vana;
     Io son felice perchè tu m'ami,
     Perchè l'amore confin non ha.
   A te vicina, da te lontana,
   Sempre il mio cuore col tuo vivrà.

Lor.   È ver - qual forza temer poss'io?
D'amarti sempre chi può vietarmi?
Tu sei mia sposa dinanzi a Dio;
   (*le pone in dito un anello*)
La nostra sorte segnata è già!
Se tu, Matilde, giuri d'amarmi,
Per noi la vita terror non ha.

SCENA III.

Fabbrizio, dal fondo della galleria, e Detti.

Fab. Matilde...

Mat. (*con terrore*) Egli!

Fab. (*avanzandosi*)   Ti trovo
Alfine! La regina
Nella sala segreta
Ti attende.

Mat.   Addio, Lorenzo!

Lor.   Tu mi lasci?

Mat. La mia sentenza udir degg'io - fra poco...
Qui... forse... (o più non ci vedremo in terra.)
Di me, deh! ti rammenta. (*Matilde parte precipitosa;
Lorenzo vorrebbe seguirla ma Fabbrizio si interpone*)

Fab.   V'arrestate!

Lor. Mistero inesplicabile!... Ma voi,
Voi che all'orfana foste
Padre di affetto... ditemi: sapete
Qual segreto?...

Fab.   Pur troppo all'amor vostro
Un ostacolo insorse, e spetta a lei,
Alla regina e della Chiesa al sacro
Ministro...

Lor.   Ah! dite... A me il tremendo arcano
Tutto si sveli...

Fab.   Omai tacerlo è vano.
Ottavio Malacarne errava lunge
Da Napoli, travolto in fiera guerra...

Giunge novella ch'è ferito a morte;
Nell'ansie del terror la pia consorte
Solenne voto profferisce a Dio
Che il primo frutto del suo imen sarebbe
All'altar consacrato...

LOR. (*con fuoco*)
Tutto comprendo ormai... Voto spietato,
Empio, crudele, e infrangerlo poss'io...

FAB. Un ministro di Dio
Però lo accolse, ed ora il sacro Nunzio
Di Roma alla regina
La sua preda domanda.

LOR. Ei non l'avrà; Lorenzo a te lo giura...
Lo giuro a Dio...

VOCI INTERNE   Che avvenne mai?

ALTRE VOCI   Sventura!

SCENA IV.

Cavalieri, Dame, indi Marino.

CORO
Qual triste evento
In un momento,
L'immenso giubilo
Cangiò in dolor!

LOR.
Che fu?... narrate...
Dite... parlate...
Ah! perchè un brivido
Mi scese al cor?

CORO
Del mar nei vortici
Una donzella
Or or lanciavasi
Da quel veron...

LOR.
Del mar nei vortici!
Se mai foss'ella!...
Ah! si smarrisce
La mia ragion..
Ma il nome?...

CORO   Ignorasi.

LOR.   Le sue sembianze?

CORO   Uscia dall' intime

                Regali stanze...

LOR.   Ah! non più dubbio...

                Matilde ell'è.

(si slancia disperato verso la galleria. Marino seguito da signori e da guardie reali gli chiude il passaggio)

MAR.   Lorenzo, arrestati...

                Che speri omai?

LOR. *(mettendo mano alla spada)*

                Il varco apritemi...

(le guardie lo disarmano e lo conducono sul davanti della scena)

CORO   Ferma! che fai?

LOR.   Voi... di seguirla

                Vietate a me?

(con disperazione)

         Crudi: perchè vietate

           Ch'io segua la sua sorte?

           Perchè in furor cangiate

           L'immenso mio martir?

         Un assassino a morte

           La mia Matilde ha spinto;

           Pria ch'egli cada estinto

           Lasciatemi morir!

SCENA V.

Giovanna con seguito, e Detti. La Regina, che avrà ascoltate le ultime parole di Lorenzo, si avanza tra la schiera delle Dame e dei Cavalieri.

GIO.   Lo sventurato giovane

           Dov'è?...

LOR. *(gettandosi ai piedi della regina)*

                Qui... a' piedi tuoi...

         Donna tu sei, comprendere

Il mio dolor tu puoi...
Colei che in mar peria
Era la gioia mia...
Udite?... essa mi chiama...
Matilde io córro a te.

(*Lorenzo cade svenuto ai piedi della regina*)

GIO.   Ei muore!... ah... soccorretelo!
CORO   Ben sventurato egli è!
GIO. (*contemplando Lorenzo*)

    (Qual turbamento insolito
    Destò quel pianto in me!)

(*Alcuni Cortigiani sollevano. Lorenzo che non dà segno
di vita. La regina si allontana pensosa.*)

FINE DEL PROLOGO.

ATTO PRIMO

SCENA PRIMA.

Una taverna in Napoli. Porta nel fondo della scena.
A destra una porticella. Tavoli e sedie rustiche.

Marino, il **Capitano** delle guardie reali, e **Maso.**

MAR. *(entrando)*
Nessuno! - Taverniere: quella porta
Dove conduce? *(additando a Maso la piccola porta)*
MASO   Ad una stanza tetra,
Senz'aria e senza luce...
MAR. *(sottovoce)*   È il posto mio.
(a Maso)
Apri... Là dentro io voglio entrar.
MASO   Signore...
MAR. *(apre il mantello e lascia vedere i suoi ricchi abiti da*
Obbedisci.   *Corte)*
MASO   Che vedo!... Un uom di Corte...
Vo a prendere le chiavi e qui ritorno. *(esce)*
MAR. *(al capitano delle guardie)*
Pria che tramonti il giorno,
Alla regina io recherò le prove
Dell'odio popolar che qui cospira
Contro i suoi giorni. - Ebbra di folle amore
Più non vede Giovanna il suo periglio;
Sull'orlo dell'abisso ad arrestarla
Più non vale oggimai prece o consiglio.
MASO *(rientrando)*
Ai vostri ordini, altezza! *(apre la piccola porta)*
MAR. *(al capitano)*   Poco lungi
Veglia colle tue guardie...
Appena i congiurati
Saranno qui adunati...
CAP. So quanto a far mi resta. *(esce)*

MAR. (*a Maso*)
    È tu bada a tacere
    Se vuoi salva la testa... (*gli accenna di andarsene*)
MASO Obbligato!... Conosco il mio mestiere. (*esce*)
MAR. (*dopo breve silenzio*)
    Dove venni? che tento?
    Che spero io più?... Servo fedel del trono,
    A quai folli chimere io m'abbandono?
      Già dentro la tomba l'età mi' trascina,
       Ma un'ultima speme mi brilla nel cor;
      Salvare dall'onta' l'incauta regina,
       Lasciarle in retaggio del popol l'amor.
           (*dopo breve pausa*)
    Ahi folle! chè in donna consiglio non scende
      Di vecchio canuto già presso a morir;
    Un cor di regina si sdegna, si offende
      Se franco linguaggio le tocca di udir.
       (*entra nella piccola stanza*)

SCENA II.

Aniello, indi **Sforza, Capi-popolo,** e **Maso.**

ANI. (*da sè, guardandosi intorno con sospetto*)
      Perchè son qui venuto?
         M'han detto: « ci sarà
         Del vino a sazietà...
         Forse dell'oro.
       Il vin... mai nol rifiuto;
         L'oro... in gran pregio io l'ho...
         Se averne oggi potrò,
         Bando al lavoro!
SFO. (*entrando con alcuni capi-popolo*)
   (*sottovoce*) E gli altri?
CORO   Ora verran;
      Alcun non mancherà.
SFO.   Sta bene - e si berrà
      Fino al mattino.

ANI. (*guardando con diffidenza i nuovi arrivati*)
> Da me che mai vorran?
> Basta!... Con lor berrò...

CORO (*prendendo d'assalto due fiaschi di vino che Maso depone sulla tavola*)
> Amici: il sol spuntò...

MASO
> Ecco del vino!

ANI.
> Che ceffi da galera!...
> Ho un brivido nel cor...
> Di bevere con lor
> Non ho il coraggio.

SFO. (*volgendosi ad Aniello*)
> Ehi! galantuom: stassera
> Non bevi?

CORO
> Animo! via!
> Trinchiamo in allegria!
> (*presentano un bicchiere ad Aniello*)

ANI.
> Ne farò il saggio. (*beve*)
> Ma, signori: io pur vorrei...
> Poichè qui son sconosciuto...

CORO
> Non temer: sappiam chi sei...

ANI.
> Voi sapete!... quando? come?...

CORO
> Sei di Capri - Aniello hai nome.

SFO.
> In destrezza e in ardimento
> Niun ti vince, o pescator.

CORO
> Dei codardi sei sgomento,
> Degli oppressi il difensor.

ANI.
> Il mio nome... Che mai sento!
> Cosa voglion costor?

CORO (*tutti circondano Aniello*)
> Doman, la regina, col drudo esecrato
> Che d'onta la copre, che schiavi ci fa,
> A irridere i lutti del volgo affamato
> Con pompa solenne là in Capri verrà.
> All'isola vostra straziata e gemente
> Il conte Lorenzo vedrete approdar,
> Con riso impudico la coppia demente
> Al popol che piange vedrete insultar.

Al.   Che dite? commossa dai nostri
        L'augusta sovrana promise...

Cro   A voi le promesse, al drudo
          O povero scemo, riempi il
            (*versano da bere ad Am*

Al. (*lerando il bicchiere*)
      Io bevo alla salute "
      Della regina - Possa
      Ella viver felici e lunghi

So. Un pazzo... od un briccon
      E costui...

Al. (*animandosi*) Viva la regi
      A chi congiura contro

Cro

So. (*sottovoce al Coro*)
      Vivo non devo.

Al.   Di

tre———————————— - ben lo rammeio,
ɔ lanciossi in mai.

m: This? N?   Y?

Dunque ella è viv!...
ɔ ɩe——————————— ni...
»Là nel mio ttto...
i senno priva
ɔy——————————— consuma i dì.
ndegno affetto
tre——————————— Dio mi esaudì!

ast ———————————— il delitto mio...
————————————— a
————————————— la sventurata
————————————— ɩta
ɩllet(s) N?   Y? ei. - Con quel baɩiore
ɔ...
ag p.——— ———— e le sue gemme,
ɩe questo anello,
ɩag: other edn? miei figliuoli...
ɩo)
Chor——————————— esecrato
o...
Dncrs———————
————————————
————————————— impronte. - E deɩa
————————————— più dubbio. E a ɩapri

rà. - Gran Dio, sɩonda
Tu   l mio core inonda
e
A.   llo
dell'oro, prendi *(gli dà*
uɩ borsa)

ɩa innanzi

ra avrai. ·

ANI.   Che dite? commossa dai nostri dolori,
        L'augusta sovrana promise... E fia ver?...

CORO   A voi le promesse, al drudo i tesori -
        O povero scemo, riempi il bicchier!
                (versano da bere ad Aniello)

ANI. *(levando il bicchiere)*
        Io bevo alla salute
        Della regina - Possa
        Ella viver felici e lunghi giorni!

SFO. Un pazzo... od un briccone
        È costui...

ANI. *(animandosi)* Viva la regina e morte
        A chi congiura contro lei.

CORO   Che dice?...

SFO. *(sottovoce al Coro)*
        Vivo non deve uscir da queste porte.

ANI.   Di Capri l'isola
                Nessun sovrano,
                Da mezzo secolo
                Più visitò;
                L'afflitto popolo
                Più volte invano
                All'aule splendide
                Sue preci alzò.
                Il nostro gemito
                Sol essa udia...
                Qual madre amante
                Fra noi verrà;
                (Se d'appressarmele
                Trovo la via,
                Essa quell'angelo
                Mi salverà.)
        Viva Giovanna! - vuoto è il bicchiere...
        Ancora un gocciolo io voglio bere
        All'esterminio dei traditor!

*(Aniello fa per avvicinarsi alla tavola onde empire il
bicchiere, ma il Coro si interpone. Frattanto nel fondo
della scena appariscono le guardie reali che si schie-
rano per chiudere l'uscita)*

Coro (*opponendosi ad Aniello*)
  Tu non sei degno...

Altri   Morte alla spia!

Ani.   Eh! là... signori... per cortesia,
  Mi aprite il passo...

Coro   Ci insulti ancor!

Ani. (*mostrando i pugni*)
  Badate, amici... non ho rispetto
  Dei vostri ceffi...

Sfo.   Già troppo ha detto...

Tutti   Morte! (*fanno per avventarsi contro Aniello*)

Ani. (*levando dalle maniche un pugnale*)
    Vigliacchi! Cento contro un!

SCENA III.

Marino, ed il **Capitano** delle guardie.
Tutta la stanza si riempie di soldati.

Mar. (*uscendo dalla porta a destra*)
  Olà - soldati - questi ribelli
  A voi consegno - grazia a nessun!

Coro, Sfo.   Terribile sorpresa!
  Or chi ci può salvar?

Mar. (*a Sforza*)   Una leggiadra impresa
  Qui stavi a consumar!

Ani. (*da sè*)   Giustizia a me fia resa
    Tutto poss'io sperar.

Mar. Capitano - i miei ordini eseguite...

Coro Miseri noi!

Mar. (*accennando allo Sforza*) La spada
  Si tolga a lui...

Sfo. (*levandosi la spada e spezzandola con disprezzo*)
    Eccola: a' piedi tuoi.

Mar. Superbo e vile... Va!

Coro   ; - Signore...

Mar.   Uscite.

(*Le guardie prendono in mezzo lo Sforza e gli altri co-
spiratori. Aniello dopo breve esitazione; mentre quasi
tutti sono usciti, va a gettarsi ai piedi di Marino*)

SCENA IV.

Marino e Aniello.

ANI. » Ah! lasciate... lasciate che io mi prostri
    » Ad esso... e ch' io gli parli...

MAR. (*accenna al Capitano delle guardie di lasciarlo solo con
    Aniello. Il Capitano e tutti gli altri escono*)

ANI. » Una grazia domando ai piedi vostri.
    (*colla massima commozione*)
     » Voi... signore... avrete udito...
      » Un ribelle non son io ;
       » Ritornar di Capri al lito
       » Mi lasciate per pietà !

MAR.   » In quel volto, in quell'accento
       » È un dolore disperato.;
      » Sorgi e parla.

ANI.   » Iddio lodato!
      » Tutto Aniel vi svelerà.
    » Delitto orribile voglio espiare...
     » Or volge un anno, pescai dal mare
     » Una fanciulla, bella siccome
     » La vergin santa...

MAR.   » Qual è il suo nome?

ANI.   » Nol so...

MAR.   » Lo ignori?...

ANI.   » Cercato ho invano
    » Dalle sue labbra strappar l'arcano.

MAR.   » Ma dove e quando la sconosciuta
    » Salvasti ?

ANI.   » Nulla voglio celar.
  » Fervean le danze - laggiù a Sorrento
    » Nel gran palazzo - della regina,
    » Il mio burchiello - fradicio e lento
    » Fendea di notte - l'atra marina.
    » Innalzo gli occhi - ad un verone...
    » Ecco... una forma - di donna appar...
    » Come una frana - dal suo ciglione
    » Si stacca... rotola - si tuffa in mar.

Mar. *(da sè)*
» È appunto un anno - ben lo rammento,
» Che quella misera lanciossi in mar...
Ani. » Giunsi a salvarla...
Mar. *(con gioia)* » Dunque ella è viva!...
» Tu non mi inganni...
Ani. » Là nel mio tetto...
» La sventurata - di senno priva
» In steril pianto - consuma i dì.
Mar. » Della regina - l'indegno affetto
» Or fia spezzato - Dio mi esaudì!
» Ma tu... perchè celasti
» Quella fanciulla?
Ani. » Ecco il delitto mio...
» L'infamia che mi pesa
» Da più lune sul cor - la sventurata
» Di ricche gemme ornata-
» Apparve agli occhi miei. - Con quel bagliore
» Satán mi vinse il core...
» Io celai la fanciulla, e le sue gemme,
» Ad una ad una, tranne questo anello,
» In pane convertii pe' miei figliuoli...
(porge un anello a Marino)
» Un pane maledetto ed esecrato
» Frutto del mio peccato...
Mar. *(guardando l'anello)*
» Dei Malacarne ecco le impronte. - E dessa
» Matilde - no... non v'è più dubbio. E a Capri
» Domani la regina...
» Con Lorenzo... ne andrà. - Gran Dio, seconda
» Tu la speranza che il mio core inonda!
Ani. » Che parla?
Mar. *(ad Aniello)* » Questo anello
» Resti in mia mano. - A te dell'oro, prendi. *(gli dà*
» A Capri ora ti rendi; *una borsa)*
» Quella fanciulla alla regina innanzi
» Doman tu condurrai...
» E più larga mercede allora avrai.

Giovanna di Napoli 3

Ani.   » Mercede ad una infamia !...
Mar.   » Fia tutto perdonato ;
              » La vita che hai salvato
              » Altra ne salverà.
              » Domani, a Capri attendimi,
              » Colla fanciulla - or va !
Ani. *(allontanandosi e guardando Marino cogli occhi ebeti di meraviglia)*
              » Creder degg'io?
Mar.   » Rammentati...
Ani.   » A Capri... domattina...
Mar.   » L'onor della regina
              » Nelle tue mani or sta.
      (Aniello si inchina e parte. Marino lo accompagna fino alla porta, ed esce dopo lui)

SCENA V.

Giardino attiguo al Palazzo della Regina. A destra, sul davanti della scena, un gruppo di folti alberi - statue - banchi di marmo - fontane. Il palazzo è illuminato. Il giardino rischiarato debolmente da poche lampade lontane.

Giovanna esce dal palazzo e attraversa la scena a passo concitato.

Coro di donne *in lontananza.*
      Discende la sera
         Sui colli e sul mar ;
         La brezza leggiera
         Ci invita a danzar.
      Si bacian le stelle,
         Si baciano i fior ;
         Danziamo, o sorelle,
         Sui campi d'amor.
Gio. Ah! ch'io respiri alfine!...
      Ch'io beva l'onda della vita, in questa
      Profumata foresta! - Una regina !...
      Di me più avventurose,

Di me più liete, oh! quanto
Le fanciulle del popolo!... Dal lido
Io le udiva poc'anzi alzare il canto
Libero dell'amore...
Ed io... là... nella reggia tormentata,
Da cento occhi spïata,
Solo udiva parlàrmi
Di fiere lotte... di congiure... e d'armi!
   (volgendosi verso il palàzzo)
Fors'ei mi avrà veduta
La sala abbandonar. - Oh! perchè mai
A seguirmi... a raggiungermi sì tardo?
- O Lorenzo!... L'ingrato non comprende
L'immenso amor... l'immensa fiamma ond'ardo.
(il volto di Giovanna diviene cupo e quasi minaccioso)
   Una larva, in forme orrende,
     Notte e giorno a me si affaccia;
     La sua voce al cor mi scende
     Come un grido di minaccia;
     Ella è morta - il flutto nero
     Le fu tomba inesorata,
     Pur sta fissa nel pensiero
     Quella imagine fatal...
  (con ira terribile)
   Da Lorenzo un dì fu amata...
   Ella è morta, e mi è rival!

SCENA VI.

Lorenzo e Giovanna.

Gio. *(da sè)* Eccolo!... al sol vederlo
Ogni mio dubbio... ogni sospetto ha tregua...
E l'orribil vision già si dilegua...
Lor. Voi qui mi attendevate?...
Gio.   E troppo attesi...
Lor. Perdono, o mia regina...
Gio.   Questo nome
Dal tuo labbro, o Lorenzo, io non accetto.

Lor. Più dolce nome vorrei darvi, e sempre
    Pavento...

Gio.   Che?...

Lor.   Nobile e puro affetto
    A voi mi lega - e in questo affetto istesso
    Sta il terrore...

Gio.   No: mai tu non mi amasti...
    Nè amarmi puoi...

Lor.   Se questo amor dovesse
    Trascinarti, o Giovanna,
    All'infamia... alla morte?...

Gio. Le ingiurie della sorte
    Tutte, per questo amore accetterei,
    E beata per te, per te morrei!...

Lor.   E te dovrei, sì giovane,
      Bella cotanto e amata,
      Io trascinar nel vortice
      Della mia sorte ingrata?
      De' tuoi nemici invano
      Complice reo vuoi farmi;
      Se a te delitto è amarmi,
      Fuggirti è mio dover.

Gio. (con effusione)
      Vedi siccome è limpida
        Del ciel la vôlta, e pura;
        Tutta d'amore un cantico
        Innalza la natura;
      (stendendo la mano a Lorenzo)
      Lorenzo: la tua mano
      Qui... presso il cor mi serra...
      E scorderem la terra
      Nell'ansie del piacer.

Lor.   Giovanna...

Gio.   Ah! taci!... è gelida
    Tua man come il pensier.

    (Giovanna conduce Lorenzo sotto il padiglione degli
      alberi e siede sovra un banco di pietra. Lorenzo
      si china ai ginocchi della regina)

Gio. (*con trasporto*)

    Lascia che io possa illudermi
    Nel sogno inebbriante...
    No... tu non puoi comprendere
    Un cor di donna amante...
    Splendore del mio trono,
    Vita de' giorni miei,
    Tutto per me tu sei,
    Son nulla senza te.

Lor.   Giovanna... io t'amo...

Gio.   , Inebbriami
    Del caro accento ancora...

Lor.   T'amo!

Gio.   Davvero?...

Lor.   E dubiti?...

Gio.   Il dubbio fisso ognora
    Mi sta nel cuor... (*breve pausa*)
            Io... sono...
    Gelosa...

Lor.   E di chi mai?...

Gio.   Nè indovinar tu il sai?...
    Pensa!... Uná estinta ella è...

Lor.   Regina...

Gio.   Tu l'amasti...
    In altri tempi...

Lor. (*levandosi in piedi impetuosamente*)
           Ah! basti...

Gio. (*si alza*)Vedi che al rammentarla
    Già ti si turba il cor.

Lor. (*con dolore*)
    Matilde...

Gio. (*con impeto d'ira*)   E osi... nomarla?...

Lor.   Deh taci - o mio dolor!

Gio. (*sottovoce con ira crescente*)
    Quella larva al nostro amore
    Dovrà opporsi ad ogni istante!
    Nè mai svellerti dal core
    Io potrò quel reo sembiante?

Oh! perchè nell'oceáno
Quella salma andò sommersa!...
La sua polve ai venti spersa
Or sarebbe di mia man...

LOR. Dal tuo labbro non poss'io
Tollerar l'indegno oltraggio,
Era dessa l'angiol mio,
Di mia vita ell'era il raggio...
Se rapito ai vezzi tuoi,
Un istante osai scordarla,
Dal mio core cancellarla,
O regina, speri invan.

GIO. Tanto audace! - ebben... saprai
Chi è Giovanna. *(volgendosi verso il palazzo)*
Gente... olà!...

LOR. Sconsigliata...

GIO.   Tutto è ormai
Fra noi sciolto...

LOR. *(cercando trattenerla)*   Arresta...

GIO.   Va!
L'odio mio, come l'amore
Implacabile sarà.

SCENA VII.

Cavalieri, Dame, Paggi con fiaccole, indi **Marino.**

CORO La regina!... Ed il conte con lei...

GIO.   Qui, signori, a me tutti appressate.

CORO Che ti avvenne?...

GIO. *(da sè)*   (Punirlo vorrei,
E non l'oso.) *(volgendosi a Marino)*
Marino, voi qui!...
Dei ribelli quai nuove recate?...

MAR. L'empia trama dei vili fallì.
(porgendo un foglio alla regina)
In questo foglio i nomi
Dei prigionieri stan scritti...

GIO.   A me porgete.

Mar.E spetta a voi, regina,
Profferir la condanna...

Gio. *(lacerando il foglio)*
La grazia a tutti io fo.

Coro   Viva Giovanna!

Gio. *(da sè)*
(Troppo... per quell' ingrato,
Il popolo ho oblïato.)
Sol mezzo a trionfar de' miei nemici
Questo sarà, di renderli felici.
Doman di Capri all' isola
Noi tutti salperemo,
Di sventurati sudditi
Le preci accoglieremo;
Era novella schiudersi
Già vedo al regno mio;
Solo alla patria e a Dio
Miei giorni io sacrerò.

Mar.   Doman, di Capri all'isola,
Se mi seconda Iddio,
L'alto disegno mio
Compiersi alfin vedrò.

Lor. *(da sè)* (Tutti costor mi abborrono;
Del mio dolor fan giuoco,
Ma chine al suol fra poco
Le fronti ree vedrò.

Coro   Viva Giovanna! ai nobili
Tuoi sensi ognun si inchina;
Alto pensier, regina,
Il cielo a te ispirò.

(Giovanna si allontana lentamente fra le donne e i ca-
valieri che le aprono riverenti il passaggio. Lorenzo
e Marino rimangono sul davanti della scena)

Mar. *(presentando a Lorenzo un anello)*
Questa gemma per voi...

Lor. *(colpito)*   Ciel!... di Matilde...
L'anello...

Mar.   A voi la misera obblïata
Lo manda...

LOR.   Ella !... Matilde !...
    E vive ancor ?...

MAR.   Sì... vive...

LOR. Dove ?... parlate, per pietà !...

MAR.   Saprete
    Tutto... a suo tempo... (Ei l'ama ancora! o gioia!)
    (*Marino fa per allontanarsi. Lorenzo lo segue supplichevole e agitato*)

LOR. Dite... in nome di Dio...

GIO. (*ritornando verso Lorenzo*)
    (Senza un addio lasciarlo... ohimè... non posso!)
    (*a Lorenzo*)
    Conte : voi pur sarete
    Domani... all' alba... nel corteggio mio...

LOR. Regina...

GIO.   (Sì turbato !...
    Forse per me soffriva...) Il vostro braccio
    Datemi o conte... e tutto sia scordato.
    (*Lorenzo inquieto, esitante, porge il braccio alla regina, e si avvia con lei presso il palazzo*)

GIO. (*sottovoce a Lorenzo*)
        Punirti non poss' io...
        Troppo il mio cor ti amò.

LOR.   L' inferno è nel cor mio,
        E simular dovrò.

CORO (*sottovoce*)
        Vedete ! - la regina
        Già mite a lui tornò.

MAR.   Di lui, della regina
        Io trionfar saprò.
    (*I cortigiani seguono, mormorando, la regina e Lorenzo che entrano nel palazzo. - Cala la tela.*)

FINE DELL'ATTO PRIMO.

ATTO SECONDO

SCENA PRIMA.

L'isola di Capri. In fondo il mare. Sul davanti della scena,
a sinistra, una capanna da pescatore.

Matilde *uscendo dalla capanna e camminando*
a passo lento, con una rosa nella mano.

La sua voce armonïosa
  Il mio nome profferì...
  Per lui colsi questa rosa,
  Ma l'ingrato non è qui...
A te vicina - da te lontana,
  Sempre il mio cuore - col tuo vivrà...
No - la mia speme - non sarà vana;
  Egli fra poco - ritornerà.
(va a sedere sovra un banco fuori della capanna)

LA VOCE DI ANIELLO
  La tua fragile barchetta
    Drizza al porto, o pescator;
  La capanna che ti aspetta
  È l'asilo dell'amor;
     Voga, voga, o pescator!

MAT. *(da sè)* Fa coraggio, o mia diletta,
  Mi diceva il pescator;
  Deh! non piangere... mi aspetta,
  Vo a cercare il tuo tesor -
     Voga, voga, o pescator!

VOCE DAL MARE
  Queto all'alba, irato a sera,
  Or sereno, or tetro è il mar;
  Nell'orror della bufera,
  Sempre grande e bello appar;
     Voga, voga, o marinar.

MAT. *(alzandosi e correndo verso la riva)*
  O mio cor, t'allieta e spera...
  Vo il mio bene ad incontrar!

SCENA II.

Aniello, Matilde, indi **Marta.**

MAT. *(ad Aniello che sbarca)*
  Aniello... padre mio...
   Dimmi: con lui tornasti?...
   Ma no! tu mi ingannasti,
   Giuoco ti fai di me!
  (prorompendo)
   Va! ti punisca Iddio
   D'avermi il cor straziato...
   E padre io t'ho chiamato!
   Ed ebbi fede in te!...
MARTA *(uscendo dalla capanna)*
  Che avvenne?...
ANI.   Al suo delirio
   Vedi... tornata ell'è!...
(Matilde abbandona il suo capo sulla spalla di Marta.
 Aniello le si accosta con tenerezza)
  Ti calma: rassicurati...
   Quest'oggi - il cor mel dice -
   Di santo amor nell'estasi
   Tu rivivrai felice;
 (a Marta) Il delirante spirito
   In calma ricomponi,
   Finchè al suo cor non suoni
   La voce dell'amor!
MAT. *(piangendo)*
   Ieri... al partir... dicevami:
   Io tornerò con esso -
   Tremai potesse uccidermi
   Del mio gioir l'eccesso;
   Solo ei tornò - nel vortice
   L'anima mia ripiomba;
   Del mar che a me fu tomba
   M'opprime il flutto ancor.
ANI.*(a Marta)* Nel tetto riconducila -
   Lenisci il suo dolor.

MARTA(*aMat.*)Vieni, con me ricovrati
Nella capanna ancor.
MAT. (*avviandosi verso la capanna*)
Nell' onde... ogni memoria...
Si spegne... ogni dolor.
(*escono Marta e Matilde, Aniello sale sopra uno scoglio*)

SCENA III.

Aniello, indi Coro di popolo.

ANI. (*dopo aver esplorato il mare*)
Al lido! al lido.! -- tutti accorrete!
Ben io discerno... la nave è quella...
CORO   Aniel, che gridi?...
ANI. (*accennando verso il mare*) Laggiù scorgete
Quel legno?... È dessa...
CORO   Chi mai?... favella.
ANI.   È la regina... tutta la Corte...
Che muove all'isola...
CORO   Dici davver?
ANI.   Io n'ho certezza...
CORO   Qual lieta sorte!
ANI. (*da sè, scendendo dallo scoglio*)
Ieri quel vecchio - diceami il ver.
CORO   Or, mano ai remi!... le barche in mare!
Muoviamle incontro...
ANI.   No! - qui restiam...
Una gran festa s'ha a preparare...
CORO   Ma come? in tempo noi più non siam...
ANI.   Donne... fanciulli... corriamo al lido...
Il suo cammino spargiam di fior.
Viva Giovanna, sia il nostro grido -
Alla regina sia plauso e onor!
CORO   Donne... fanciulli... corriamo al lido...
Alla regina sia plauso e onor!
(*tutti, meno Aniello, corrono verso il fondo della
scena e scompariscono*)

SCENA IV.

Aniello, Marta, indi **Giovanna, Lorenzo, Marino, Cortigiani** e **Popolo.**

ANI. (*a Marta che esce dalla capanna*)
    Quella meschina - alla regina
    Fra pochi istanti - presenterem...
    Lieta giornata - per noi fia questa...
    Non più miseria - dell'oro avrem.
MARTA   Dell'oro, hai detto? - perdo la testa...
ANI. (*dando il braccio a Marta per condurla verso il fondo della scena*)
    Vieni - secondami - ricchi sarem.
    (*Al momento in cui Aniello e Marta vanno verso la riva, il popolo ritorna sulla scena, aprendo rispettosamente il varco a Giovanna che si avanza dando il braccio a Lorenzo e seguita dagli altri cortigiani. Marino cammina a lato della regina. - Aniello e Marta tornano sul davanti della scena e vanno a collocarsi presso la loro capanna*)
CORO   Viva Giovanna! - viva l'amata
    Nostra sovrana!
GIO. (*al popolo*)   Basta! non più...
    (*a Lorenzo sottovoce*)
    Ho tutta l'anima - inebbriata...
    Nè il mio contento - dividi tu?...
LOR. (*alla regina*)
    Io son felice con te, o Giovanna...
MAR. (*al popolo*)
    D'Aniello prossima è la capanna?
CORO (*additando*)
    È quella...
MAR. (*vedendo Aniello*) È desso! ben lo discerno...
    Alla regina ti accosta, o Aniel.
GIO. (*a Marino*)
    Quest'uom?
LOR. (*da sè*)   Nell'anima chiudo l'inferno...
    Tutto mi adombra....
MAR. (*alla regina*)   Questo è il fedel

Che l'altra notte, in Napoli, le trame
M' ajutava a sventar de' congiurati...
Che il vostro onor, Giovanna,
Calunniato dai perfidi, difese...

Gio. Egli! - Nè un premio ancora
Ebbe da noi?...

Ani.   Il maggior premio è questo...
Che nella mia dimora...
Una regina...

Gio.   Povero esser devi
Assai. - Ora a me spetta
Il provvedere onde la tua famiglia
Più non abbia a soffrire. - Hai moglie?...

Ani. (additando Marta che sta in disparte tutta confusa)
                                        Ho moglie...

Mar. E credo... anche una figlia...

Ani. Se il vero... ho da parlarvi...
Regina...

Mar. (con accento marcato) A me dicesti
Che una figlia era teco...

Ani.   Una ragazza
Molto infelice...

Lor. (da sè)   Qual mistero! - il core
Mi trema...

Gio. (ad Aniello) Ebbene ?

Ani.   L' infelice è pazza...

Voce interna
Scorse un anno... e piansi tanto,
Pur l'ingrato attendo ancor。

Lor.(da sè)Questa voce... questo canto...
Sento un brivido nel cor !

Gio.   Come è flebile quel canto !...
Sembra un gemito d'amor.

Mar. (fissando Lorenzo)
In udir quel mesto canto,
Si coperse di pallor.

Coro   Della pazza è questo il canto...
La sua voce spezza il cor.

LOR.   Sventurata! con quel canto
              Ella sfoga il suo dolor.

   (*a Giovanna*)

            Vieni, o regina - di qua partiamo...

GIO.   No - quella giovane vedere io bramo...

  (*ad Ani.*) A me dinanzi - la sventurata
              Conduci...

LOR. (*supplichevole alla regina*)

                    Ascoltami... deh! ti allontana...
          Troppo il suo duolo - ti affliggerà.

SCENA V.

Matilde, e detti.

MAT. (*presentandosi sulla porta della capanna, coi capelli*
          scarmigliati e lo sguardo fisso)
          A te vicina - da te lontana,
              Sempre il mio core nel tuo vivrà.

CORO   La pazza!

GIO. (*muovendo incontro a Matilde*)
                    Misera!

LOR.   Non oso in lei
          Fissar lo sguardo...

CORO   Terror mi fa.

MAT. (*avanzandosi*)
          Oh mio Lorenzo - dimmi... ove sei?...
              La tua Matilde - di duol morrà.

GIO. (*avvicinandosi a Matilde, con espressione terribile*)
          Lorenzo... hai detto?...

LOR. (*da sè, frenandosi a stento*) Dessa!... o terror!.

GIO. (*prendendo Matilde per mano e conducendola dinanzi*
          a Lorenzo)
          Di': questa donna conosci tu?

MAR. (*sottovoce a Giovanna*)
          Ti frena... incauta.

GIO. (*come sopra*)   Dal tuo pallore
          Tutto comprendo...

MAT. (*fissa lo sguardo in Lorenzo con espressione singolare,*
          indi prorompe)   Mio sposo ei fu...
          Lorenzo - il core, no, non si inganna...

Io son Matilde... guardami... parla...;

(fa alcuni passi per avvicinarsi a Lorenzo, ma poi le
forze le mancano e cade nelle braccia di Aniello)

Gio. *(immobile, fissando Lorenzo con occhio terribile)*

Viva... ed amata da lui...

Mar. *(alla regina)*   Giovanna...

Tutti gli sguardi son fissi in te.

Ani.   Che il vile osasse di ripudiarla!...

Dubbio tremendo si desta in me.

Lor.*(da sè)*Ad ogni costo degg'io salvarla...

Se a lei mi accosto, perduta ell'è.

Coro   Veh! la regina sommessa parla...

Torvo ha lo sguardo – furente ell'è.

(*Breve silenzio*)·

Mat. *(riscuotendosi, parla ad Aniello fra i singhiozzi)*

Il mio Lorenzo che ho tanto amato!...

Io gli ho parlato – desso era qui...

Quando a lui corsi, per abbracciarlo...

Siccome un'ombra – da me fuggì.

Lor. *(da sè, con dolore)*

O mia Matilde – chè non poss'io

Tutto il cor mio – a te svelar?

Ma un sol mio detto – solo uno sguardo

La tua condanna potria segnar.

Gio. *(da sè)*

Dalla tua tomba, donna abborrita

Sei dunque uscita – pel mio dolor?

Debil rivale d'una regina,

Va... nell'avello ripiomba ancor!

Ani.   Di quella misera – m'ha scosso il grido,

D'ira e vendetta – divampa il cor;

Ah! s'ella muore – morrà l'infido,

Che tale è il fine – dei traditor.

Schermo securo – pel reo, per l'empio,

La reggia, il tempio – non diverrà;

Dovunque ei fugga – dove si asconda,

Il mio pugnale – lo troverà.

Mar. *(alla Regina)*

Bada... ogni sguardo – su te è rivolto;

      Ciascuno in volto - ti legge il còr.
      Tu sei regina - non iscordarlo...
      Al regio orgoglio - ceda l'amor.

MARTA Fa cor, Matilde - non è sparito...
  e ANI. Non è fuggito - l'uom che ti amò.
      Fra brevi istanti, lo giuro a Dio,
      Nelle sue braccia ti condurrò.

CORTIGIANI
      L'ira gelosa - presto fia volta
      In nobil sdegno - nel regal cor...
      Salva è Giovanna - se alfin disciolta
      Sarà dai lacci - di indegno amor.

POPOLO Dal dì che all'isola, la pazza venne,
      Sol danno e lutto - fra noi recò...
      Veh! la regina - come è cangiata!
      Forse ammaliata - da lei restò.

GIO. *(a Marino)*
      Questa donna alla mia nave
      Sia condotta sull'istante...

LOR. *(sottovoce a Giovanna)*
      Che far pensi?

GIO.   Ella è tua amante...
      Per lei grazia osi sperar?

MAR. *(prendendo per mano Matilde)*
      Vieni, o misera...

ANI.   Fermate!
      Io l'amai come una figlia...
      Dal mio sen non la strappate...

MAR. *(sottovoce ad Aniello)*
      L'infelice io vo' salvar...

CORO   Via dall'isola costei!...
      Col demonio ha stretto lega...
      Via la pazza! via la strega,
      Che nel lutto ci piombò...

LOR. *(a Giovanna)*
      Ah! Giovanna... se mi amate...
      Quella misera salvate...
      E in mercè della sua vita
      Come un nume io v'amerò.

Gio. Di tua fronte nel pallore,
Sciagurato, io lessi in core...
Più mi preghi e più si irrita,
Il furor che in me avvampò.

Mat. *(guardando ora Marino, ora Aniello con occhio smarrito)*
Che ho mai fatto? - son feroci
Quegli aspetti e quelle voci...
Il mio sposo mi rendete
O d'angoscia io qui morrò.

Ani. *(a Marino)*
La promessa rammentate...
Guai per voi, se mi ingannate...
Guai per tutti!-più feroce
D'una jena io diverrò.

Mar. *(ad Aniello)*
Via! da saggio. ti governa...
Doman notte, alla taverna
Ci vedrem - su lei frattanto
Come un padre io .veglierò....

Lor. In mercè di quella. vita
Come un nume io v'amerò.

Gio. Più mi preghi e più si irrita
Il furor che in me avvampò.

Mat. *(sempre in delirio)*
Del mio bene io vado in traccia...
E. felice ancor. sarò!

Mar. *(a Mat.)* Vieni meco − nelle braccia
Del tuo ben ti condurrò.

Ani. La mia voce è a Dio salita
E il mio giuro compirò.

Coro Plausi e onore alla regina
Che la strega fulminò!

(Marino si avvia verso la nave conducendo seco Matilde. Giovanna, in mezzo alle acclamazioni del popolo, e seguita da cortigiani, si avvia verso l'interno dell'isola. Aniello fissa cupamente lo sguardo in Lorenzo, che si allontana cogli altri.)

FINE DELL'ATTO SECONDO.

ATTO TERZO

SCENA PRIMA.

Sala nel palazzo della Regina. - Nel mezzo della scena, vasta apertura che mette ad una galleria. A destra una porta che conduce agli appartamenti di Giovanna; a sinistra altra porta. - Un tavolo e sedili.

Lorenzo solo.

» Qual procella di affetti! Il core ondeggia
» Tra le memorie del passato, e un trono.
» Regnar! dorato sogno...
» Per sempre svanirai?... Scrupolo vano
» Potrà arrestarmi? Morta era Matilde
» Quando a Giovanna il mio core donai...
» Una larva rividi... E dovrà questa
» Contendermi il cammino?... È ver... ti amai!...
» Leggiadra, sorridente
» Di giovinezza eri, o Matilde, allora...
» Oggi, smarrita la ragione, estinto
» Il divin raggio della mente, nulla
» Di te più resta, o povera fanciulla...
   (esce pel fondo, a destra. - Poco dopo, dalla stessa
      galleria, ma da sinistra, entrano Marino e Mat.)

SCENA II.

Marino, Matilde.

MAR. Vieni, t'inoltra... di coraggio è d'uopo
   Onde salvar Lorenzo
   E placar la Regina; i costei cenni
   Obbedire tu dei,
   Entrar nel chiostro cui sacrata sei.
   A me fosti affidata,
   Vieni... io sarò tua guida...

MAT. Me infelice per sempre! Abbandonarlo,
Mai più non rivederlo!

MAR. (*sommesso e con affetto*) In me confida.
» Il vale, o fanciulla, che al mondo tu volgi,
» Del chiostro la notte durevol non fia.
» Dileguisi il nembo, poi, lieta qual pria,
» Vedrai nuovo sole brillare per te.
Le lagrime tergi... oh sì, tornerai
In braccio al tuo bene, fra i gaudii d'amor.
(Più fiera una lotta nel cor non provai...
Ma almeno fia salvo del trono l'onor.)

MAT. (È vana ogni speme... la morte ho nel cor.)

MAR. Al luogo prefisso mi attendi...
(*additandole l'uscita a sinistra*)
Coraggio!
Al cielo t'affida. (*entra a destra*)

MAT. (*sola*) Crudele è il martir....
(*con angosciosa risoluzione*)
Pur che egli sia salvo m'è dolce il morir.
Addio, Regina - Lorenzo, addio...
Niun turbi il gaudio - del vostro amor.
È immenso, orribile - lo strazio mio...
Ma in olocausto - l'offro al Signor.
M'ero alla tomba - già consacrata...
Presto alla tomba - ritornerò;
In altra patria - vivrò beata
Se voi felici - quaggiù vedrò.
(*si allontana compresa da profondo dolore*)

SCENA III.

Giovanna seguita da **Marino**, dalla destra.

GIO. Ebben: colei?

MAR. Sommessa al suo destino,
Fra poco il velo prenderà.

GIO. (Respiro.)
Marino: il voler mio
Già feci noto ai grandi della corte.

Del trono mio la sorte
Ad assodar, sceglier dovea uno sposo ;
Scelsi il conte Lorenzo.

MAR.   (Oh ciel !)

GIO.   Solenne
» Nel maggior nostro tempio
Cerimonia s' appresti.
Ite...

MAR. (*inchinandosi*) (Dilegui Iddio nembi funesti!)
             (*esce pel fondo*)

SCENA IV.

Giovanna sola.

Son sola alfin! t' apri o mio cor... Lorenzo
Ha obbliato colei,
E mio sposo sarà - Possibil fia? -
Esulta... esulta alfin, anima mia !
        (*nella piena del trasporto*)
      Cielo, tu frena il palpito
         Che innonda... inebbria il core...
         È troppo... è troppo il giubilo
         Che a me promette amore ;
         Compiuta di quest' anima
         Or fia l' ardente brama...
         Con lui potrò dividere
         E amore e soglio e fama...
         Di tanta gioia all' impeto
         Mal regge questo cor...
    Provo un' ebbrezza, un' estasi
      Cui non si dà maggior.

SCENA V.

La detta, Lorenzo.

LOR. (*avanzandosi con giubilo*)
      Il colmo alle tue grazie
        Volesti por, regina...
        Mercè condegna esprimerti
        Il labbro mio non sa.

Gio. (*con trasporto*)
   Amami... e il cor beato
   Più nulla chiederà.
a 2   Vieni, m'abbraccia - mi stringi al seno...
   D'amore il gaudio - ch'io senta appieno...
   Di dolci fremiti - di care ebbrezze
   Mi sento l'anima - tutta inondar,
  Sposi fra poco... - nuove dolcezze,
  Gioie ineffabili - potrem gustar.

SCENA VI.

Detti. **Aniello,** che entra rapidamente, seguito da
Marino, il quale mostra di averlo rattenuto invano.

Ani. (*gettandosi appiè di Giovanna*)
   Mi prostro a voi... Giustizia!
Lor. (*sgomentato in vederlo*)
   (Cielo! Che mai vorrà?)
Gio. (*turbata ed imperiosa, a Marino*)
   Chi gli aprì il varco?...
Ani. (*a Giovanna*)   Uditemi...
Mar. (*ad Aniello*)
   Ti scosta!
Ani. (*a Marino*)   Ella m'udrà...
   Una fanciulla misera
   Dai flutti un dì salvai...
   Meco la trassi all'isola,
   Qual padre ognor l'amai...
   Egra... morente osarono
   Strapparla al tetto mio...
   Al mondo invano e a Dio
   La cerco da tre dì.
  (*con accento disperato*)
   La figlia mia rendetemi!
   So che Matilde è qui.
Gio. (*alteramente*)
   Chiusa ella sta nel claustro
   Cui già fu destinata...
   Esci!

ANI.   A morir dannavasi
            Dunque la sventurata...
                   (*con voce straziante*)
            Fra lenti atroci spasimi...?
LOR.   (Ei mi trafigge il cor.)
GIO. (*a Mar.*) Il forsennato scaccisi.
MAR. (*ad An.*) Vanne!
LOR. (*dandogli una borsa*) Quest'oro prendi.
ANI. (*gettandogliela ai piedi*)
            Dell'oro a me? L'infamia
            Così pagare intendi?
            Oh! bada a te. Dei perfidi,
            V'ha un Nume punitor...
    (*esce minaccioso pel fondo; Marino lo segue, Giovanna
    e Lorenzo entrano a destra*)

SCENA ULTIMA.

*Piazza. - A destra la cattedrále. A sinistra, in fondo alla
scena, una via praticabile, con balconi e finestre adorni
di arazzi e broccati.*

        Alcuni del popolo minacciosi e sommessi.

                   Vedeste? - E si tollera
                   Oltraggio siffatto?
ALTRI   Soffrire a niun patto
                   Tal prence si dè.
I PRIMI   Quest'onta ad un popolo!
I SECONDI   E osò... la regina?...
TUTTI   Infamia, ruina
                   Sarebbe un tal re!
(*Odesi musica festiva, quindi appare il corteggio reale
    che, preceduto da un'onda di popolo, viene sulla
    piazza. Il corteggio è composto di Guardie reali,
    gentiluomini, dignitarii, dame, ministri, venendo poi
    chiuso da Giovanna, Lorenzo, Marino, paggi e scu-
    dieri. Mentre si canta l'inno, la regina attraversa
    trionfante la piazza, per entrare nel tempio. Aniello
    è apparso tra la folla*)

CORO   Di fiori, di faci
          Si allegra la via,
          Echeggia per l'aura
          Festosa armonia;
          I bronzi del tempio
          Già diero il segnal.
          L'azzurro dei cieli
            Più puro si rende,
          Degli astri la luce
            Più tersa risplende,
          Natura si veste
          Del manto regal.

    (Il corteggio è entrato nel tempio)
  (Suono d'organi nella cattedrale. Tutti si inginocchiano)

ANI. *(si avanza dal lato opposto alla chiesa stringendo nella destra un coltello, si volge verso il lato donde parte il suono d'organo e i canti, e levando gli occhi al cielo esclama:)*
    Signor, dammi coraggio,
    Dammi tu forza!... A infame gioia il core
    Quel vil dischiude e intanto
    La tradita da lui si strugge in pianto!...
    Ma non a lungo, o cara,
    Ei schernirà il tuo duolo...
    A vendicarti con quest'arma io volo.
       (entra nella chiesa)

LOR. *(di dentro con un grido soffocato di dolore)*
    Ahimè!...

GIO. *(di dentro)* Lorenzo!!...

MOLTE VOCI *(c. s.)*   Orrore!... Orror!...

ANI. *(stringendo sempre il coltello insanguinato si precipita
    fuori della chiesa, gridando:)*   Matilde,
    Sei vendicata!... (alcune guardie inseguono Aniello,
    il popolo che esce in disordine dalla chiesa lo circonda
    con visibile apparenza di volerlo difendere)*

GIO. *(al colmo dell'ira e fuori di sè pel dolore)*
              In ceppi
    L'assassino sia tratto!...
   Coi supplizi più atroci
    E con la morte il reo delitto ei sconti!...

(le guardie, allontanando il popolo, s'impossessano di Aniello e lo conducono via a forza)

CORO *(mormorando fra sè)*

   Perchè d'orgoglio insano
    Ei nutrì sempre il cor?...
   Se Aniello armò la mano,
    Fu giusto il suo furor.

GIO.*(c.s.)*O mio Lorenzo!... O sposo mio!...

MAR. *(avvicinandosi a lei con premura le dice sottovoce e con tono caldamente espressivo:)*   Rammenta
  Che regina tu sei... il popol freme...
  Vuoi tu perdere il trono?...

GIO. *(scossa)*   Ohimè!...

MAR. *(con sempre crescente insistenza)*   Un istante
  Tutto per te decide... il cor raffrena...
  Vinci te stessa...

GIO.   Dio!...

MAR. *(come sopra)*   Taccia il dolore,
  E la ragion comandi...

GIO.   Infranto ho il core!...

   È atroce... è troppo orribile
    Per me questo momento...
   La vita in petto mancami...
    L'alma straziar mi sento...
   Ah! sì, madre amorevole
    Sarò del popol mio,
   Ma da te imploro, o Dio,
    La forza che non ho!...

CORO *(da sè)* Lo sdegno in lei già placasi...
    D'amor per noi parlò...

MAR. *(alla regina sempre sommesso)*
   Odi tu - quel clamor?...
    Il furor - già cessò...
   La virtù - del tuo cor
    Il dolor - vincer può!...

TUTTI   Viva Giovanna!... Al popolo
    Il suo bel cor tornò!...

(Quadro generale. - Cala la tela.)

F I N E.

ELENCO
DEI LIBRETTI D'OPERE TEATRALI
di esclusiva proprietà di
FRANCESCO LUCCA.

Adelia
Adriana Lecouvreur
Africana (l')
Aidea o il Segreto
Allan Cameron
Armando il Gondol.
Arrivo (l') del sig. Zio
Assedio (l') di Leida
Atala
Attila
Bernabò Visconti
Birrajo (il) di Preston
Borgomastro (il) di Schiedam
Cantante (la)
Caterina Howard
Cellini a Parigi
Cicco e Cola.
Clarice Visconti
Clarissa Harlowe
Columella
Convito (il) di Bald.
Corrado console di Milano
Corsaro (il)
Dante e Bice
Deserto (il)
Diamanti (i) della corona
Don Checco
Don Crescendo
Donna (la) romantica
Don Pelagio
Dottor Bobolo
Duca (il) di Scilla
Duchessa (la) di Guisa
Due (i) Ciabattini

Due (i) Figaro
Due mogli in una
Due (i) Orsi
Ebrea (l')
Elena di Tolosa
Elvina
Ercolano
Esmeralda
Ester d'Engaddi
Falsi (i) Monetari
Fate (le)
Faust
Favorita (la)
Festa (una) di paese
Figlia (la) del Proscritto
Figlia (la) del Regg.
Folletto (il) di Gresy
Funerali e Danze
Gabriella di Vergy
Geloso (un) e la sua vedova
Ginevra di Scozia
Giovanna di Castiglia
Giovanna di Napoli
Giovanna I di Napoli
Giralda
Giuditta
Giudizio (il) Univers.
Giuseppe Balsamo
Gladiatori (i)
Goretta
Gran Duchessa (la) di Gerolstein
Graziella
Griselda
Guisemberga da Spol.

Ildegonda
Isabella d'Aragona
Jone
Lalla-Ruk
Lazzarello
Leone Isauro
Leonora
Locandiera (la)
Lohengrin
Ludro
Luigi V
Luisella
Mantello (il)
Marco Visconti
Maria regina d'Inghilterra
Margherita
Marta
Martiri (i)
Maschera (la)
Masnadieri (i)
Matilde di Scozia
Matrimonio (il) per concorso
Medea
Mignonè Fan-Fan
Miniere (le) di Freim.
Morosina
Naida
Non tutti i pazzi sono all'ospedale
Nina pazza per amore
Nozze (le) di Messina
Nuovo (il) Figaro
Osteria (l') d'Andujar
Paolo e Virginia

Pelagio
Pipelè
Pirati (i) spagnuoli
Poliuto
Precauzioni (le)
Preziosa
Promessi (i) Sposi
Prova (la) d'un'opera seria
Reggente (il)
Regina (la) di Leone
Rienzi, l'ultimo dei Tribuni
Roberto il Diavolo
Romeo e Giulietta
Ruy Blas
Saltimbanco (il)
Ser Gregorio
Sposa (la) del Crociato
Stella (la) del Nord
Studenti (gli)
Tannhäuser
Templario (il)
Tombola (la)
Torquato Tasso
Ugonotti (gli)
Uomo (l') del mister
Uscocco (l')
Valle (la) d'Andora
Vascello (il) fantasma
Villana (la) contessa
Violetta
Virginia
Vittore Pisani
Vivandiera (la)
Zilda

CPSIA information can be obtained
at www.ICGtesting.com
Printed in the USA
BVHW071411231118
533754BV00030B/3359/P